SAA

Samuel A. Alito, Jr.

Plate 1

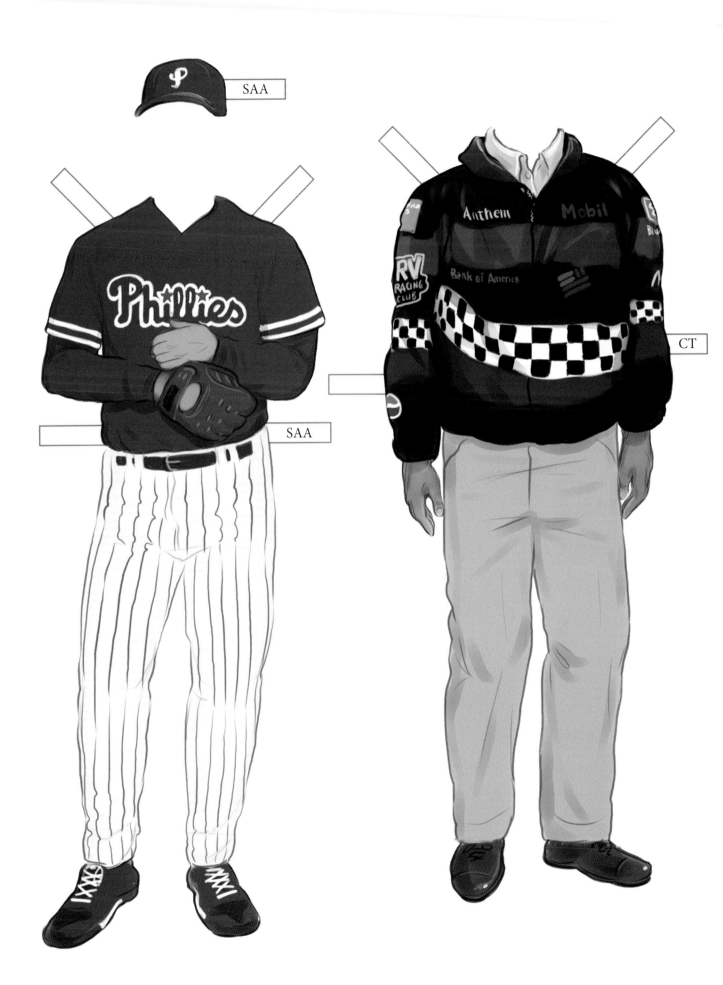

SAA

SAA

CT

Plate 2

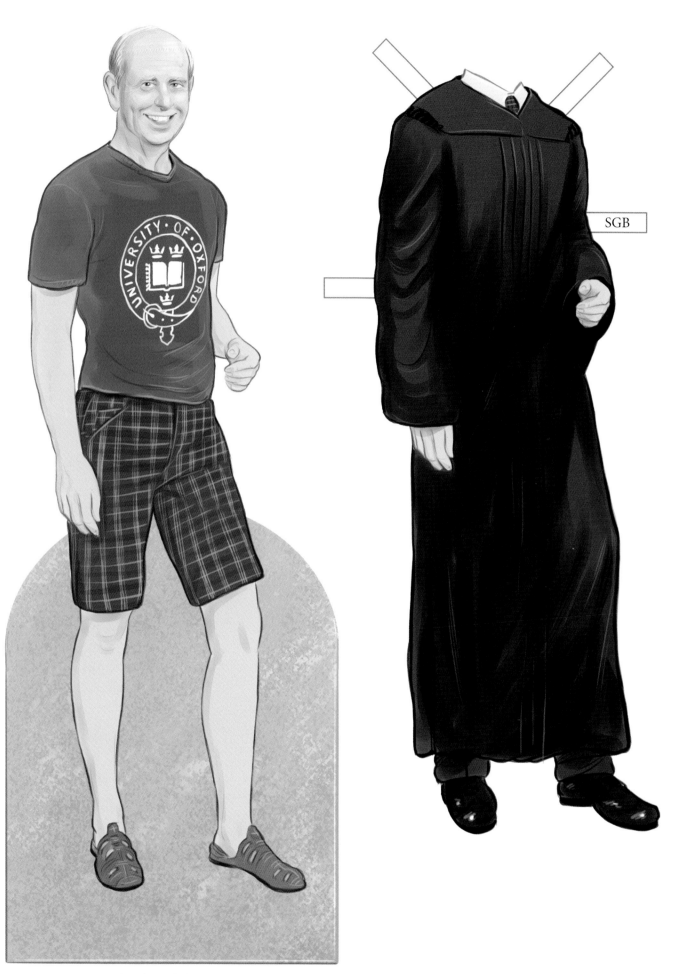

Stephen G. Breyer

SGB

Plate 3

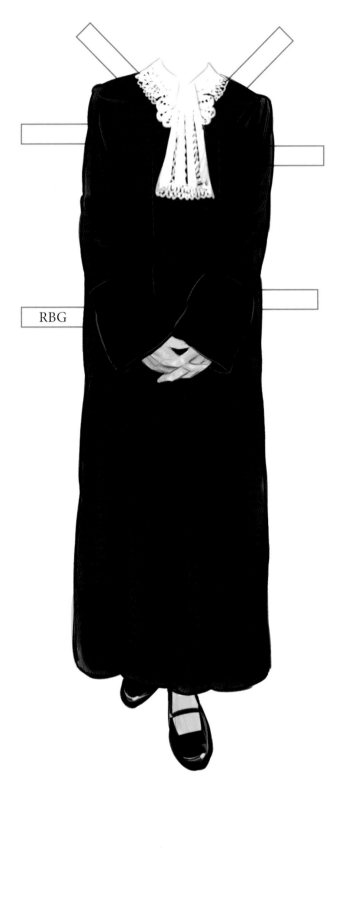

RBG

Ruth Bader Ginsburg

Plate 4

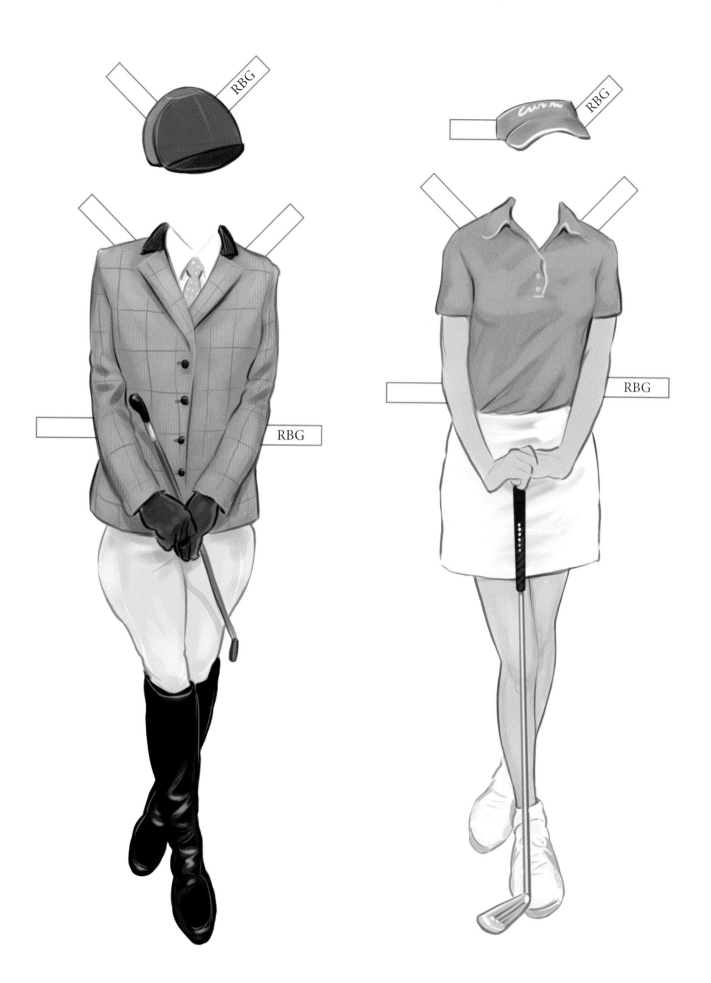

Plate 5

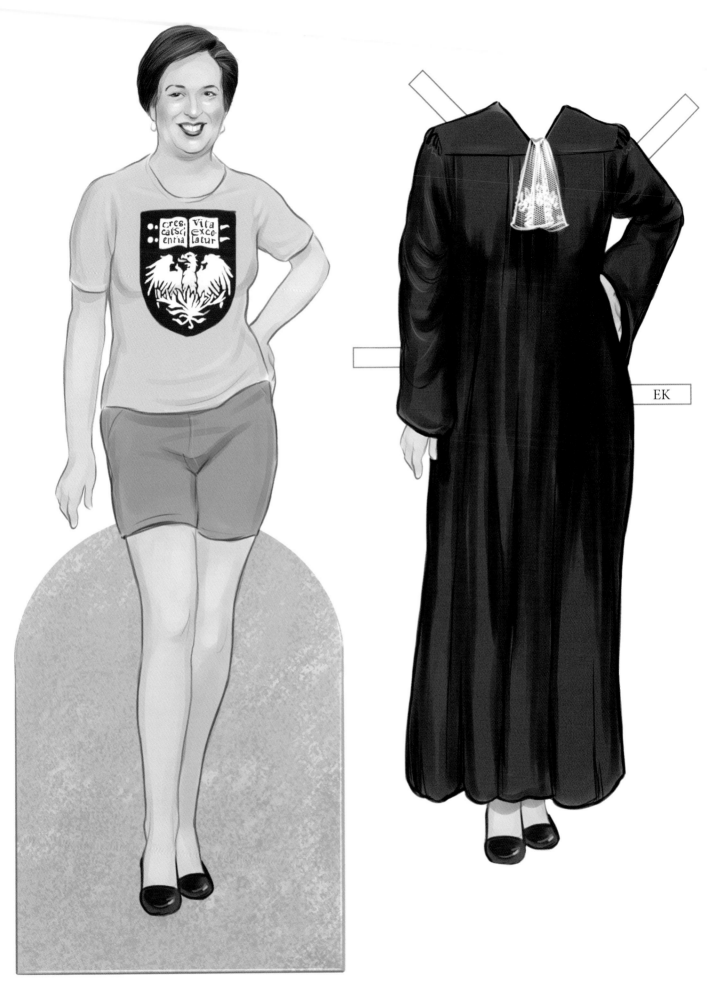

cres.
catSci.
entia

Vita
Exco.
latur

EK

Elena Kagan

Plate 6

SGB

SGB

EK

Plate 7

AMK

Plate 8   **Anthony M. Kennedy**

AMK

AMK

AMK

AMK

Plate 9

John G. Roberts, Jr.

Plate 10

JGR

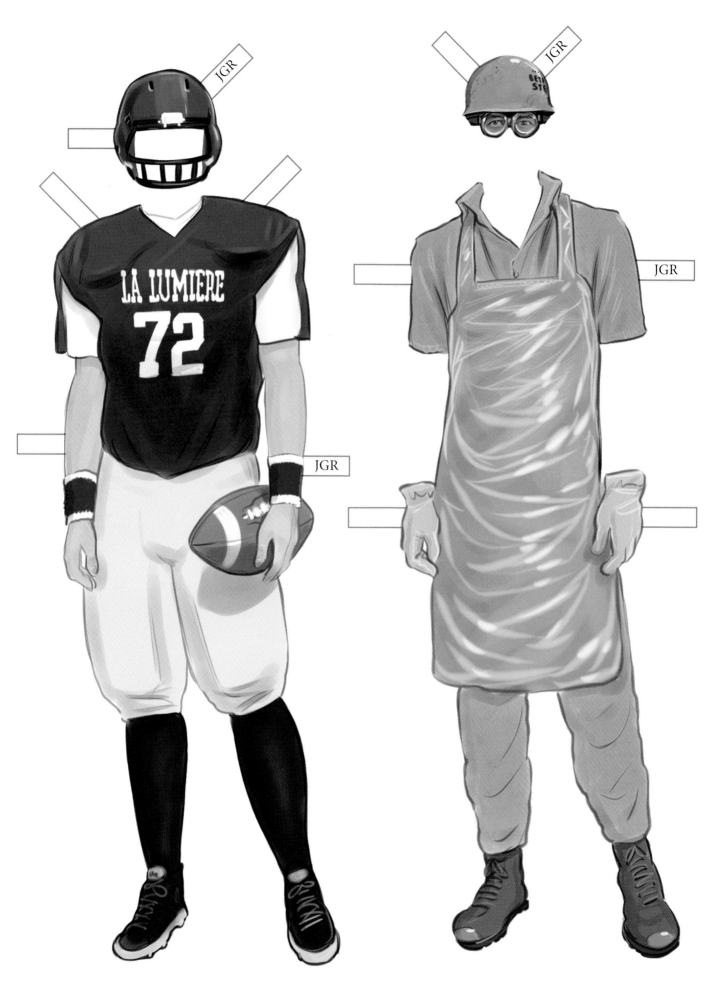

Plate 11

AS

AS

Antonin Scalia

Plate 12

AS

AS

AS

AS

AS

Plate 13

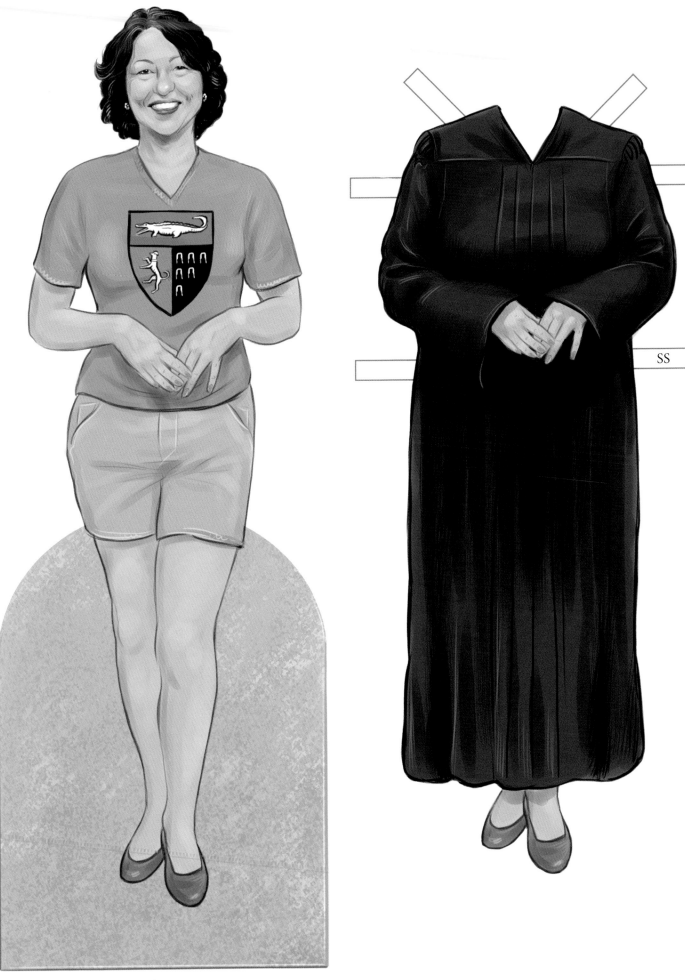

SS

Plate 14

Sonia Sotomayor

Plate 15

CT

Clarence Thomas

Plate 16